# Peldaños

## Los Grandes LAGOS

### ¿DÓNDE ES ESO?

# La Costa

por Chris Siegel

Entonces, ¿dónde quedan los Grandes Lagos y qué hace que sean tan grandes? Los cinco Grandes Lagos son el lago Superior, el lago Michigan, el lago Hurón, el lago Erie y el lago Ontario. ¡Estos lagos son enormes! Si te pones en un lado de cualquiera de ellos, no podrás ver la costa opuesta. Los Grandes Lagos se ubican en los Estados Unidos y Canadá, en el centro de Norteamérica. Esta área se llama **cuenca** de los Grandes Lagos. Una cuenca es como un tazón vacío. Los lados son empinados, de modo que toda el agua se escurre hacia el centro. Los lagos tienen muchos **tributarios**, o ríos y arroyos que se conectan. Juntos, los lagos y sus tributarios contienen el suministro de agua dulce más grande del planeta. ¡Eso es genial!

Las personas han vivido junto a los lagos durante miles de años. Han usado el agua de los lagos para beber, pescar y desplazarse de un lugar a otro. De hecho, los Grandes Lagos incluso sirven para transportar mercancías a todo el mundo. Aunque se ubiquen en el centro de Norteamérica, los ríos y canales conectan estos lagos con el océano. Un barco carguero que viene de Europa puede llegar a Chicago, Illinois.

Miners Castle en la península Superior de Michigan, es parte de las más de 2,700 millas de costa del lago Superior.

Dulce

# ¿Dónde quedan?

## LOS GRANDES LAGOS

Las fotos desde el espacio nos han enseñado mucho sobre los Grandes Lagos. Las fotos satelitales, como esta, ayudan a los científicos a estudiar cada lago y cómo cambian con el tiempo. Los glaciares lentamente se desplazaron, entre 1.6 millones y 10,000 años atrás, labraron valles y produjeron áreas huecas y profundas en la tierra.

Más tarde, cuando el área se volvió más templada, el agua del derretimiento del hielo llenó las áreas huecas y formó los lagos. Cada lago tiene su propia forma y tamaño. Una diversidad de paisajes los rodean. Lee más sobre cada lago aquí.

> Si los lagos te parecen raros en esta imagen, recuerda que un satélite puede tomar una foto desde muchos ángulos. En esta foto satelital, el lago Superior está en la parte inferior, en lugar de la izquierda, donde aparece en un mapa. Pero si pones un mapa de los Grandes Lagos de costado, de modo que el lago Superior quede en la parte inferior, podrás saber cómo estaba posicionado el satélite cuando tomó esta foto desde el espacio.

### Lago Hurón

**Profundidad promedio: 195 pies**

El lago Hurón tiene 30,000 islas. Una es la isla en agua dulce más grande del mundo. ¡Tiene un lago y ese lago tiene una isla!

Es el segundo en cuanto a su superficie, aproximadamente del tamaño de Virginia Occidental.

Una gota de agua permanece 22 años en el lago Hurón. Ese es el tiempo que le toma al lago volver a llenarse con agua nueva.

< Los pescadores saben que el bacalao de agua dulce es delicioso. El bacalao de agua dulce vive en los cinco Grandes Lagos.

### Lago Superior

**Profundidad promedio: 483 pies**

Los indígenas chippewa llamaban al lago Superior *Gitche Gumee* (Agua Grande). Es el Gran Lago más grande.

Este lago podría llenar los demás Grandes Lagos, y además tres lagos Erie más. Es el más profundo y frío de los lagos. También tiene el agua más limpia.

El agua del lago Superior desemboca lentamente en el lago Hurón. Una gota de agua permanece 191 años en el lago Superior.

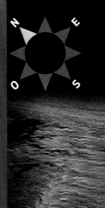

# Lago Ontario

**Profundidad promedio: 283 pies**

El agua del lago Erie fluye sobre las cataratas del Niágara y desemboca en el lago Ontario. El agua del lago Ontario fluye en el río San Lorenzo. Luego desemboca en el océano Atlántico.

El agua del lago Ontario es la más contaminada. La contaminación de los otros lagos desemboca allí.

Una gota de agua permanece unos seis años en el lago Ontario.

# Lago Erie

**Profundidad promedio: 62 pies**

El lago Erie contiene la menor cantidad de agua de todos los Grandes Lagos.

Pero el lago Erie aún así es el doceavo lago más grande del mundo. Y nos suministra más peces para comer que todos los otros Grandes Lagos combinados.

Una gota de agua permanece solo 2.6 años en el lago Erie.

⌄ El lirio enano del lago es la flor silvestre oficial del estado de Michigan. La flor crece en forma silvestre en la región de los Grandes Lagos. No crece en forma silvestre en ningún otro lugar del mundo.

# Lago Michigan

**Profundidad promedio: 279 pies**

El lago Michigan es el lago de agua dulce más grande que está completamente dentro de los Estados Unidos. ¡Es el quinto lago más grande del mundo!

Algunas de las playas del lago Michigan están cubiertas con "arena de azúcar". La arena parece azúcar.

Una gota de agua permanece 99 años en el lago Michigan.

**Compruébalo** ¿Cómo se formaron los Grandes Lagos?

# El efecto de los lagos

*por David Holford*

Una tormenta de invierno se avecina sobre la península Superior del lago Superior. En esta área del país nieva mucho por el efecto de los lagos.

¿Quién no ha estado ansioso por levantarse en la mañana, mirar hacia afuera y ver una gran acumulación de nieve en el suelo? La escuela se ha cerrado. Una tormenta por el "**efecto de los lagos**" ha dejado 18 pulgadas de nieve.

Mucha gente que vive cerca de los Grandes Lagos tiene que hacerle frente al efecto de los lagos. Esta es la manera en la que un lago grande afecta el estado del tiempo en lugares cercanos. El efecto más extremo de los lagos es la nieve… y mucha.

Cuando llega el invierno, el aire que rodea los lagos se enfría más rápido que el agua de los lagos. El aire frío sopla sobre la superficie de los lagos y saca calor y humedad del agua. Se forman nubes. Una vez que el aire caliente toca la tierra, se enfría de nuevo. Entonces, la humedad de las nubes cae en forma de nieve.

Los vientos que atraviesan los Grandes Lagos provienen del Noroeste y Canadá. Por lo tanto, las costas sur y este de los lagos reciben la mayor cantidad de nieve. Estas regiones de nevadas torrenciales forman un **cinturón de nieve**.

A medida que la Tierra se vuelve gradualmente más caliente, la cantidad de nieve por el efecto de los lagos aumenta. Eso se debe a que la formación de hielo sobre los Grandes lagos toma más tiempo durante el invierno. Menos hielo significa agua más cálida, y eso trae más nieve. Syracuse, Nueva York, una ciudad del cinturón de nieve, recibe 50 por ciento más nieve por año que hace 100 años.

El hielo se acumula a lo largo de la costa del lago Ontario, Canadá.

# Día de nevada

Sostén una regla de una yarda junto a ti. Ahora agrega siete pulgadas más en la parte superior. Esa es la cantidad de nieve que cayó en Syracuse durante una ventisca a principios de diciembre del año 2010. Una ventisca es una tormenta de nieve muy fuerte. La nieve azotó la ciudad durante cuatro días y se acumularon más de 43 pulgadas de nieve sobre el suelo. Durante la peor parte de la tormenta, caían hasta dos pulgadas de nieve nueva por hora. Docenas de escuelas cerraron. La policía incluso cerró caminos como consecuencia de muchos accidentes de tránsito.

La ventisca no fue la única nevada en Syracuse ese mes. Siguieron más tormentas de nieve. El 21 de diciembre, el primer día oficial del invierno, había caído seis pies de nieve en esta ciudad del cinturón de nieve.

En Syracuse ha caído un promedio aproximado de diez pies de nieve por año desde el año 1951. El efecto de los lagos Erie y Ontario hace que caiga esta nevada torrencial en todo el cinturón de nieve al oeste de Nueva York. Pero la mayoría de los habitantes de Syracuse están acostumbrados a este estado del tiempo invernal extremo. La ventisca del año 2010 no redujo la actividad de la ciudad por mucho tiempo. Las escuelas de Syracuse estuvieron cerradas dos días.

Una familia se pone manos a la obra para despejar de nieve las calles después de la tormenta de nieve de diciembre del año 2010 en Syracuse.

El invierno de los años 2010 y 2011 fue uno de los más nevosos en la historia de Syracuse. Esta foto muestra cómo cae la nieve en Clinton Square, en el centro de Syracuse. En total, en Syracuse cayeron casi 15 pies de nieve ese invierno.

Las personas disfrutan de brizas frescas y cielos soleados en la playa North Avenue de Chicago. Esta popular playa está en la costa del lago Michigan.

# Más fresco junto al lago

En el cinturón de nieve de los Grandes Lagos, el invierno quizá traiga mucha nieve, pero el verano compensa toda esa nieve. Junto con un invierno con mucha nieve, el efecto de los lagos también puede producir un verano fresco y con viento. En verano, el agua de los Grandes Lagos no se calienta tan rápido como el aire y la tierra. Como el viento sopla a través de los lagos, el agua fría absorbe parte del calor del aire. Cuando los vientos llegan a la costa, son más frescos. Las comunidades cerca de los lagos pueden ser diez grados más frescas en los días de verano que los lugares más lejanos a la costa.

La gente que vive junto a los lagos disfruta de este efecto de los lagos en verano. Buffalo, en Nueva York, se encuentra en el extremo oriental del lago Erie. Sus temperaturas nunca han llegado a los 100 grados Fahrenheit.

Este efecto de los lagos en verano también puede ser peligroso. Al final del verano, las temperaturas comienzan a descender. Los lagos se vuelven más cálidos que el aire, especialmente de noche. Esto puede producir vientos fuertes, lluvias torrenciales y tormentas severas. Pero al final de octubre, el aire se ha enfriado lo suficiente para producir nieve en lugar de lluvia. Una vez más, la temporada de nevadas por el efecto de los lagos está lista para comenzar. Los Grandes Lagos afectan el estado del tiempo de su entorno todo el año.

**Compruébalo** ¿Cómo afectan los Grandes Lagos el estado del tiempo en las regiones cercanas?

**GÉNERO** Artículo de problema y solución

**Lee para descubrir** cómo afectan las especies invasoras a los Grandes Lagos.

# INVAS

En los Everglades de la Florida, enormes serpientes llamadas pitones de birmania se arrastran a través de paisajes acuosos, devorando animales nativos. En Londres, ruidosas cotorras de Kramer comen de árboles frutales y comederos de aves en patios. En Cuba, una hierba leñosa llamada *marabu* puede crecer hasta diez pies de alto. Convierte grandes áreas de cultivo en junglas espinosas.

¿Qué tienen en común las pitones, las cotorras y la hierba leñosa? Son **especies invasoras**. Estas especies no son nativas del **ecosistema** en el que se encuentran. Pueden causar daño al medio ambiente local.

Los animales invasores compiten con las especies nativas por el alimento, el espacio y otros recursos. Generalmente no tienen **depredadores** naturales, o animales que los cacen y se los coman. Sus poblaciones crecen

Las carpas asiáticas son muy conocidas por su gran tamaño. También tienen una capacidad increíble para saltar.

# ORES

*por Brett Gover*

rápidamente. Pronto comienzan a desplazar a las especies nativas.

Se ha llevado a algunas especies de sus ecosistemas nativos a otros nuevos. A veces esto sucede por accidente. Por ejemplo, se transporta una semilla de un continente a otro en barco. Otras veces, esto sucede a propósito. La gente lleva especies de un lugar a otro para deshacerse de una plaga o resolver otro problema.

El resultado ha sido una explosión de especies invasoras. En los Estados Unidos, uno de los invasores más temidos es la carpa asiática. Este pez grande se ha esparcido por el sistema del río Mississippi, y ahora amenaza con ingresar en los Grandes Lagos. ¿Cómo sucedió eso? ¿Qué puede suceder después? Descubrámoslo.

# ¡COMIENZA LA INVASIÓN!

La carpa asiática se trajo a los Estados Unidos desde el este de Asia a propósito. En la década de 1970, criadores de peces y agencias del gobierno de los Estados Unidos querían mantener limpia el agua de sus estanques y lagunas. Importaron carpas asiáticas. Estos peces comen plantas microscópicas y animales que hacen que el agua se vea sucia.

Con el tiempo... ¡un desastre! Cuando las inundaciones azotaron, algunas carpas escaparon a arroyos cercanos que desembocan en el río Mississippi. Las carpas comenzaron a esparcirse por el Mississippi y sus brazos más pequeños, o tributarios.

> Los pescadores suelen sorprenderse del tamaño de las carpas asiáticas que pescan. No hay peces de agua dulce suficientemente grandes en Norteamérica para comerse una carpa asiática adulta.

Mucha gente está preocupada. La población de carpas asiáticas continúa creciendo. Estos peces generalmente son grandes y fuertes. Crecen hasta cinco pies y pueden pesar más de 100 libras.

Pueden saltar a diez pies del agua, lo que supone un problema para los navegantes. Pero esa no es la principal amenaza que plantean las carpas asiáticas.

# TOMAR EL CONTROL

Las carpas asiáticas comen animales diminutos y plantas pequeñas llamadas algas. Pero como son tan grandes, tienen un apetito enorme. Se comen el alimento que otros peces necesitan para vivir. No hay alimento suficiente para los otros peces, cuyas poblaciones disminuyen.

Los peces que quedan deben competir contra la carpa asiática. Esta especie invasora puede desovar cientos de miles de huevos de una vez. Por lo tanto, sus poblaciones pueden crecer muy rápido. Las carpas jóvenes también crecen rápidamente. Pronto se vuelven tan grandes, que ningún otro pez puede convertirlas en su presa.

## OTROS INVASORES

Docenas de otras especies dañinas ya han invadido los Grandes Lagos. Lee las leyendas de las fotos para conocer algunas de estas especies.

Las lampreas marinas son los vampiros de los Grandes Lagos. Tienen un cuerpo largo como las anguilas. Su boca es como una ventosa. Se adhieren a los peces y les succionan la sangre. Las víctimas suelen morir. En esta foto, las lampreas marinas están adheridas a una trucha marrón.

Cuanto más tiempo una carpa asiática viva en un área, más toma el control. Desplazan a los peces nativos.

Las carpas asiáticas ahora controlan gran parte del sistema del río Mississippi, desde Minnesota hasta Luisiana. En Illinois, se han esparcido a unas cuantas millas del lago Michigan. Los expertos temen que si ingresaran en los Grandes Lagos, podrían arrasar con muchas especies de peces nativos y hacer que la industria de la pesca se viniera abajo. Las carpas también podrían dañar los ecosistemas de los Grandes Lagos si reducen el número de diversos peces que viven allí.

⌃ Los mariscos diminutos llamados mejillones cebra se aglomeran en colonias enormes. Bloquean tuberías de agua en las plantas eléctricas y las instalaciones de potabilización de agua. Dañan barcos, muelles y boyas.

⌃ La salicaria puede crecer hasta siete pies de alto. Puede producir varios millones de semillas por año. Esta planta se esparce y desplaza a las plantas nativas que hay junto a las costas pantanosas de los Grandes Lagos.

# ESPECIES INVASORAS: ¡ALÉJENSE!

La invasión de la carpa asiática es un problema complicado. Hay unas cuantas soluciones posibles, pero ninguna es perfecta.

Cerca del extremo sur del lago Michigan, los **canales** unen el sistema del río Mississippi a los Grandes Lagos. Un canal es una vía navegable hecha por el hombre. Para las carpas asiáticas, los canales son el camino más fácil hacia los lagos.

Los ingenieros intentan detener a las carpas poniendo barreras eléctricas en los canales. Cuando los peces se acercan a las barreras, sienten un choque eléctrico y nadan en dirección contraria. Pero si las carpas pasan las barreras, podrían esparcirse rápidamente. ¿Esa es la mejor solución? Lee más sobre las soluciones y decide por ti mismo.

∨ Ingenieros del ejército han puesto barreras eléctricas bajo el agua en estos canales para alejar a las carpas asiáticas. Sin embargo, estas barreras también pueden ser peligrosas para la gente.

## Danger
### Entering Electric Fish Barriers
### High Risk of Electric Shock
### No Swimming, Diving, Fishing, or Mooring

## SOLUCIÓN 1:

La instalación de barreras eléctricas a 50 millas del lago Michigan parece que mantiene a las carpas asiáticas alejadas de los Grandes Lagos hasta ahora. Solo se ha encontrado unas cuantas carpas entre las barreras y el lago Michigan, y se las retiró. Pero hay una desventaja, las barreras eléctricas son caras, y si alguna vez pierden su corriente eléctrica, las carpas asiáticas podrían nadar directo a los lagos.

## SOLUCIÓN 2:

Otra solución es cerrar los canales del sistema del río Mississippi. Cerrar los canales puede evitar que las carpas asiáticas ingresen a los Grandes Lagos. Sin embargo, también evitará que los barcos usen los canales para llegar de los Grandes Lagos a otros cuerpos de agua como el océano Atlántico. Eso haría muy difícil transportar mercancías por el país.

## ¿QUÉ TE PARECE?

**Muchas personas están preocupadas por la propagación de las carpas asiáticas en los Grandes Lagos. ¿Las barreras eléctricas son la respuesta? ¿Debemos cerrar los canales? El objetivo es hallar la solución correcta y actuar a tiempo.**

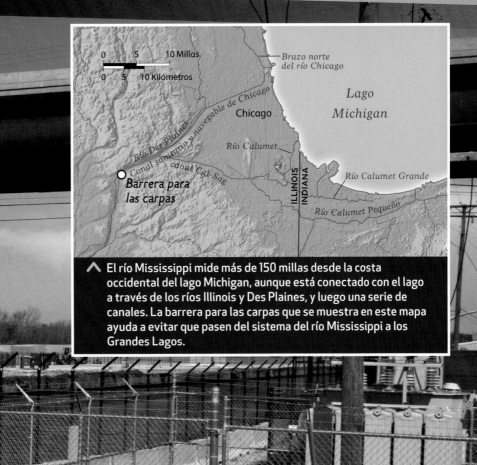

El río Mississippi mide más de 150 millas desde la costa occidental del lago Michigan, aunque está conectado con el lago a través de los ríos Illinois y Des Plaines, y luego una serie de canales. La barrera para las carpas que se muestra en este mapa ayuda a evitar que pasen del sistema del río Mississippi a los Grandes Lagos.

**Compruébalo** ¿Qué podría suceder si las carpas asiáticas ingresaran a los Grandes Lagos?

Lee para descubrir cómo el turismo en los Grandes Lagos puede beneficiar a las comunidades locales.

# El espectáculo aéreo y acuático de Chicago

*por Bryon Cahill*

¡BRUM! El aire se llena con un estruendoso ruido. En las alturas sobre el lago Michigan, seis poderosos aviones a chorro descienden súbitamente. Dejan un rastro de humo blanco detrás. Los aviones a chorro giran drásticamente y se disparan de nuevo hacia arriba. Dan vueltas por el aire.

Los aviones a chorro permanecen en una formación con forma de diamante. Vuelan más cerca, a veces con solo 18 pulgadas de separación entre ellos. ¡Es un espectáculo electrizante!

El espectáculo aéreo y acuático de Chicago atrae a más de 1.5 millones de personas todos los años. Fomenta el **turismo**, que es bueno para los negocios de Chicago.

Los pilotos practican sus acrobacias antes del espectáculo en el aire sobre la orilla del lago en Chicago.

Multitudes de personas gastan su dinero en restaurantes y hoteles. Las tiendas se llenan de compradores. El turismo que atrae el espectáculo aéreo y acuático a la ciudad trae trabajo y dólares a Chicago. Esto fortalece la economía, el dinero y la mercancía que ingresa y egresa de la comunidad.

La costa del lago Michigan, en Chicago, es el escenario perfecto para el espectáculo aéreo y acuático más antiguo de los Estados Unidos. Las aguas del lago se extienden hacia el Este, por lo tanto, los aviones tienen un área de vuelo grande y segura. Las playas, los parques y los puertos de Chicago se extienden suficientemente lejos hacia el Norte y el Sur, de manera que todos los espectadores pueden encontrar un lugar para observar. Algunos incluso abordan cruceros para ver el espectáculo desde el agua.

# El espectáculo despega

¿Cómo comenzó todo? Las festividades comenzaron en el año 1959 con un presupuesto de solo $88. Era una celebración pequeña para los niños en un campo veraniego del distrito Park de Chicago. El evento incluía un ballet acuático, esquiadores acuáticos y un concurso de clavados. La Guardia Costera también demostraba cómo usar un helicóptero para rescatar a alguien del lago.

Las multitudes pueden ver espectáculos impresionantes tanto en el agua como en el cielo.

Desde entonces, el espectáculo aéreo y acuático se ha hecho más grande cada año. En el año 1960, los Thunderbirds de la Fuerza Aérea del Ejército de los EE. UU. actuaron por primera vez. Volaron en una actuación vertiginosa de vueltas, zambullidas y pasadas elegantes. El mismo año, el equipo de paracaidistas Golden Knights del Ejército de los EE. UU. saltó sobre el cielo de Chicago y se zambulló en las aguas del lago Michigan.

Los espectadores del espectáculo aéreo y acuático de hoy todavía esperan entretenerse con estos espectáculos. En un acto asombroso, un helicóptero da vueltas y giros en el aire, incluso quedando boca abajo. Su intrépido piloto es uno de los únicos tres pilotos del mundo con una licencia para realizar acrobacias tan peligrosas.

El público se refresca en el lago Michigan mientras observa cómo los intrépidos pilotos realizan acrobacias asombrosas.

Un miembro del equipo de paracaidistas de la Marina de los EE. UU. aterriza delante de una multitud. El equipo se conoce como "ranas saltarinas".

# Los Wild Blue Yonder

Algunos exponentes son tan populares que regresan cada año. El espectáculo aéreo y acuático en la actualidad todavía presenta paracaidistas que saltan desde una altura de 12,500 pies. Hasta 14 paracaidistas trabajan juntos para formar patrones mientras caen. Y la Guardia Costera todavía da una demostración de búsqueda y rescate.

Algunos años, los Thunderbirds de las Fuerzas Aéreas del Ejército de los EE. UU. son la atracción principal. Otros años, son los Blue Angels de la Marina de los EE. UU. ¿A qué velocidad van los Blue Angels? El avión más rápido que pilotan (el F/A-18 Hornet) puede alcanzar velocidades de hasta 1,400 millas por hora (mph). ¡Eso es el doble de la velocidad del sonido! Sin embargo, eso es demasiado veloz para un avión a chorro en un espectáculo. Los pilotos solo tienen permitido volar a unas 700 mph. De todos modos, supera más de diez veces el límite de velocidad de la autopista promedio.

Se requieren años de entrenamiento para aprender a pilotar estos aviones. Los pilotos de los Blue Angels necesitan al menos 1,200 horas de vuelo para formar

Los aviones a chorro de los Blue Angels llevan los colores oficiales de la Marina de los EE. UU.: azul y oro.

parte del equipo. El oficial comandante de los Blue Angels necesita al menos 3,000 horas de entrenamiento. A los pilotos les encanta exhibir sus destrezas en el espectáculo aéreo y acuático. Y cada agosto, aparece un gran número de público en Chicago para ver las asombrosas acrobacias que estos pilotos pueden realizar.

Los Blue Angels actúan en muchos espectáculos aéreos. Aproximadamente, 11 millones de personas los ven cada año.

**Compruébalo** ¿Cómo influye en la economía de Chicago la presencia del espectáculo aéreo y acuático?

# EL NAUFRAGIO DEL

# PODEROSO ⎈ FITZ

por Chris Siegel
y Stephanie Herbek

Los Grandes Lagos son unas de las aguas más peligrosas de la Tierra. Puede ser muy difícil **navegarlas**, o abrirse camino entre ellas. Se las conoce por sus tormentas violentas y enormes olas. Estas olas pueden (y muy posiblemente lo hicieron) hundir un barco en las profundidades del lago con pocas advertencias.

El S.S. *Edmund Fitzgerald*, o *Poderoso Fitz*, era el barco carguero más grande de los Grandes Lagos cuando lo botaron en el año 1958. Con un peso de 13,632 toneladas y 729 pies de eslora, había transportado más de un millón de toneladas de hierro a través de los Grandes Lagos. Pero el 9 de noviembre de 1975, el *Poderoso Fitz* hizo su viaje final en el lago Superior, Wisconsin. El capitán Ernest M. McSorley estaba al timón.

El *Poderoso Fitz* viajaba a través del lago Superior cuando se encontró con otro barco carguero, el *S.S. Arthur M. Anderson*. Ambos barcos se dirigían a las acerías de los Grandes Lagos. El 10 de noviembre de 1975, una tormenta invernal enorme azotó a los barcos con vientos huracanados y olas de hasta 35 pies de alto. El *Poderoso Fitz* desapareció en el lago Superior. Se llevó 29 tripulantes a las profundidades.

< Esta pintura representa el viaje final del *S.S. Edmund Fitzgerald*. "S.S." quiere decir *barco a vapor* (*steamship*, en inglés) en el nombre del barco.

EDMUND FITZGERALD

EDMUND FITZGERALD

# ¿NINGÚN PEDIDO DE AUXILIO?

El Anderson y el *Fitzgerald* habían mantenido contacto radial durante su viaje. El 10 de noviembre alrededor de las 7:10 p. m., un tripulante del *Anderson* llamó por radio para ver cómo el *Poderoso Fitz* soportaba la tormenta. Recibió una breve respuesta: "Va marchando". Poco después, el *Fitzgerald* desapareció de la pantalla de radar del *Anderson*. Nunca más se lo volvió a ver sobre el agua. Esta es una trascripción de la transmisión radial que ocurrió entre las tripulaciones esa noche fatal.

| | |
|---|---|
| Fitzgerald: | Anderson, este es el Fitzgerald. He soportado cierto daño en la parte superior. Tengo una barra de una valla abatida, dos conductos de ventilación perdidos o dañados y una escora. Estoy pairando. ¿Permanecerán conmigo hasta que llegue a Whitefish? |

**inclinación a un lado** → escora

**disminuir la velocidad del barco** → pairando

| | |
|---|---|
| Anderson: | Comprendido, Fitzgerald. |

**lo tengo** → Comprendido

### # # #

| | |
|---|---|
| Anderson: | Fitzgerald, este es el Anderson. ¿Han pairado? |
| Fitzgerald: | Sí. |
| Anderson: | Fitzgerald, estamos a unas 10 millas detrás de ustedes, y acercándonos aproximadamente a una milla y media por hora. Fitzgerald, hay un objetivo a 19 millas delante de nosotros. Por lo tanto, el objetivo estaría a nueve millas de ustedes. |

**otro barco** → objetivo

| | |
|---|---|
| Fitzgerald: | Bueno, ¿tengo el camino libre? |
| Anderson: | Sí, el objetivo pasará al oeste de ustedes. |
| Fitzgerald: | Bueno, está bien. |
| Anderson: | Por cierto, Fitzgerald, ¿cómo lidian con sus problemas? |
| Fitzgerald: | Va marchando. |

**que va todo bien** → marchando

| | |
|---|---|
| Anderson: | Muy bien. Los llamaré más tarde. |

## EL ÚLTIMO VIAJE DEL FITZGERALD

Canadá
lago Superior
isla Royale
isla Michipicoten
Minnesota
puerto Copper
Two Harbors
península Keewenaw
Isla Caribou
punta Whitefish
bahía de Whitefish
Michigan
Wisconsin

**10 de noviembre de 1975**
⚑ Sitio del naufragio
→ Recorrido del *Edmund Fitzgerald*
→ Recorrido del *Arthur M. Anderson*

# ¿QUÉ LE SUCEDIÓ AL *PODEROSO FITZ*?

Ningún **llamado de socorro**, o llamado de auxilio, salió del *Fitzgerald*. Eso ha confundido a los investigadores durante décadas. El barco y su tripulación simplemente desaparecieron en las aguas verdes y frías del lago Superior. ¿La tormenta hundió al *Poderoso Fitz?*

Los Grandes Lagos pueden ser más riesgosos para los barcos y los navegantes que el océano. Tormentas huracanadas azotan con poca advertencia. Noviembre es un mes especialmente peligroso en esta región. Transportar mercancías a través de los Grandes Lagos es peligroso para los barcos, y el *Poderoso Fitz* no fue la excepción.

Entonces, ¿qué produjo el naufragio? Algunos creen que las olas altas de la tormenta pueden haber hundido al *Fitzgerald*. Otros creen que el barco quizá haya golpeado el fondo del lago y se haya partido. El hundimiento sigue siendo un misterio.

## TRES TEORÍAS DEL HUNDIMIENTO

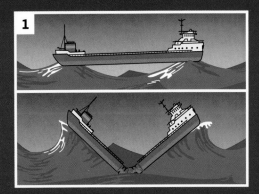

**1**

Las olas pueden haber empujado ambos extremos del barco. La carga pesada del *Fitzgerald* estaba en el centro del barco. Esto puede haber hecho que el barco se partiera por la mitad.

**2**

"Tres hermanas" son una serie de tres olas gigantescas. Pueden haber golpeado al *Fitzgerald*, inundándolo y hundiéndolo.

**3**

El *Fitzgerald* pasó por un área poco profunda cerca de la isla Caribou. Si el barco se acercó demasiado, pudo haber "tocado fondo", o golpeado el fondo del lago en un área poco profunda y romperse con el impacto.

# EL RECUERDO DEL
## *PODEROSO FITZ*

Poco después de que se perdiera el contacto radial con el *Fitzgerald*, la tripulación preocupada del *Anderson* encontró dos botes salvavidas y otros **restos** que flotaban en el agua. No había señales de sobrevivientes. Más tarde, la Guardia Costera usó aviones, barcos y un **sónar** para ubicar dos grandes restos. Habían encontrado al *Poderoso Fitz*.

Miles de naufragios yacen en el fondo de los Grandes Lagos. El naufragio del *Fitzgerald* incluye los extremos delantero y trasero y una sección media rota. Yace en las profundidades del lago Superior en territorio Canadiense. Cinco buzos lo han visto, pero una mejor tecnología ayuda a que más gente lo visite cada año. Por respeto a los navegantes perdidos, el gobierno canadiense ha limitado el acceso al naufragio.

El 4 de julio de 1995, la Sociedad Histórica de Naufragios de los Grandes Lagos retiró la campana de bronce de 200 libras del naufragio del *Fitzgerald*. Fue un esfuerzo conjunto entre la National Geographic Society, la Marina Canadiense, Sony Corporation y una tribu de nativo-americanos chippewa de Michigan. La campana se exhibe en la actualidad en el Museo de Naufragios de los Grandes Lagos en Michigan. Es un monumento conmemorativo a la tripulación perdida. La campana se tañe 29 veces, una vez por cada tripulante perdido, en el aniversario del naufragio todos los años.

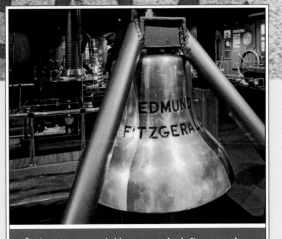

∧ La campana del barco tenía daños por el agua cuando se retiró del naufragio. Se restauró antes de ponerla en el museo.

**Compruébalo** ¿Qué secuencia de sucesos llevó al hundimiento del *Fitzgerald*?

## Comenta

1. ¿Qué conexiones puedes hacer entre los cinco artículos de este libro? ¿Cómo crees que se relacionan los artículos?

2. ¿Te gustaría vivir en una región que tenga el efecto de los lagos en el estado del tiempo? ¿Por qué?

3. ¿Cuáles son algunos de los efectos de las especies invasoras en los Grandes Lagos?

4. Considera las tres teorías que intentan explicar por qué se hundió el *Fitzgerald.* ¿Cuál crees que es la mejor explicación de lo que sucedió? ¿Por qué?

5. ¿Qué más quieres saber sobre los Grandes Lagos y los problemas que afectan a la región?